澄衷蒙學堂字課圖說

柒

孕 去

音滕。懷子曰孕。孕育。包孕。

以證切。孕，子在包中也。引申為包孕之孕。

產 上

音剗。萬物資生之總名。生產。物產。

所簡切。从生，彥省聲。生，育也。泛言之為財產、恆產之產。專言之為生產、物產之產。故產為萬物資生之總名。

生 平

音甥。死之對也。生死。生聚。

所庚切。陰陽和而後萬物生。生物兼動植言。皆具生理者也。

育 入

音毓。長養萬物曰育。鞠育。生育。

余六切。从𠫓。𠫓，幼子也。凡撫之養之教之食之，皆曰育。引申為化育、樂育之育。

活 入

音佸。水流聲也。活潑。生活。

戶刮切。詩：北流活活。言水之活潑也。引申之，凡具生理者皆曰活。故講求動植物學者曰活物學家。

容 平

音融。有所盛受曰容。寬容。容貌。

餘封切。从宀从谷。谷猶言深藏若谷也。如含容、包容是。叚借為頌，如婦容、容止之容是。

態 去

音貸。心所發而見於外者謂之態。體態。態度。

他代切。

姿 平

音咨。美態曰姿。丰姿。姿色。

津私切。姿，資也。謂其天資之美，見於態度也。引申為姿才之姿。

嬌 平

音驕。憨凝曰嬌。嬌麗。嬌養。

居妖切。古作姣。所以形容美麗也。若嬌怯、嬌小之嬌，則為形容憨態之詞。

媚 去

音郿。邀寵曰媚。嫵媚。狐媚。

明祕切。悅也。如思媚周姜、媚于天子之媚是。引申之，求悅于人亦曰媚，如諂媚、狐媚之媚是。

妍 平

音研。美麗也。妍媸。爭妍。

倪堅切。妍，美恣容也。方言：自關以西謂好為妍。

婉 上

音宛。委曲進言曰婉。婉約。婉轉。

鄔管切。順從也。凡言之曲而有體者，皆曰婉。引申為容體美好之偁，如婉孌、清揚婉兮之婉是。

壯 去

莊去聲。年富力強曰壯。壯夫。強壯。

側亮切。禮三十曰壯。言血氣方剛悍然壯大也。因引申爲壯勇之壯。今偁民間防衞之勇丁曰民壯。亦此意也。

健 去

乾去聲。遒有力者曰健。強健。壯健。

渠建切。自強不息也。凡人之能自強者。必日有進步。引申爲健捷之健。又申爲武夫有力貌。如矯健。健兒之健是。

丰 平

音風。神采外見曰丰。丰姿。

丰 敷容切。艸盛貌。引申爲豐滿之偁。

偉 上

音韙。大也。又大之之詞也。偉人。瑰偉。

于鬼切。

肥 平

音腓。肉豐也。肥肉。肥瘦。

符非切。物之胖壯者曰肥。肥厚也。故滋味之純厚者亦曰肥。引申之饒于仁義者曰身肥。饒于貨財者曰家肥。

瘠 入

音脊。肉不豐也。瘠土。

秦昔切。瘠从疒从脊。人瘦則脊見。故瘦亦曰瘠。引申之土之墝埆者亦曰瘠。

瘦 去

颼去聲。不肥曰瘦。瘦弱。

所救切。从疒从叟。叟老人也。老人多疒則肉不豐。因謂凡不肥者皆曰瘦。

弱 入

音若。強之反也。孱弱。殭弱。

而勺切。从二弓从彡會意。彡初生羽也。初生之羽細而且脆。故引申謂瘦小爲弱。又算術小數遞析至微渺不盡者則曰弱。故又申之凡由強盛而衰微者亦曰弱。如孱弱積弱之弱是。

憔 平

音樵。形容枯槁曰憔。憔悴。

昨焦切。憔古作醮。从面焦會意。憂之鬱於心而形於外者也。

悴 去

音萃。隱憂曰悴。勞悴。

秦醉切。从心从卒會意。言憂鬱于心而無已時也。

困 去

坤去聲。窮之委頓皆曰困。困窮。困勉。

苦悶切。故廬也。从木在囗中會意。故廬之木必朽敗。故引申之凡事之疲弊者皆曰困。志不得遂而爲物所窘者亦曰困。

頓 去

敦去聲。頭叩地曰頓。頓足。頓挫。

都困切。凡拜頭至地而不叩爲䭫首。叩者爲頓首。䭫首爲吉禮之偁。頓首爲請罪之詞。如秦漢上書偁頓首是也。又訓爲鈍。如甲兵不頓是也。引申爲頓挫抑揚之頓。

疲 平

音皮。困倦也。疲倦。

蒲糜切。心力勞悴也。故从疒从皮，言疾在皮毛間，而精氣苶然不振也。

嬾 上

闌上聲。不勤曰嬾。嬾惰。貪嬾。

洛旱切。嬾者，畏葸而不治事之義。

修 平

音羞。飾治曰修。修飾。裝修。

息流切。修从彡攸聲。文飾也。物之舊者則必加飾，故引申為修治之修。因之治身曰修身，治心曰修心。古多叚脩字為之。

潔 入

音結。修淨光澤曰潔。清潔。潔身。

吉屑切。潔，清也。引申為潔身之潔，言治身使清潔也。

威 平

音蝛。可畏之儀曰威。使人畏我亦曰威。威儀。神威。

于非切。謚法：彊毅信正曰威，猛以剛果曰威。威，畏也。故人所畏與以威畏人皆曰威。

勢 去

音世。氣燄曰勢。權勢。勢頭。

舒制切。从埶从力。謂埶植者之有大力，如有聲望者之必有權勢也。故申為勢力、勢燄之勢，叚為形勢、地勢之勢。

皺 去

音縐。面目蹙摺曰皺。皺紋。

側救切。眉蹙則額皺，人老則面皺。故从芻从皮。芻，艸也。言皮皺如艸絲之層疊也。

禿 入

退入聲。無髮曰禿。禿頭。筆禿。

他谷切。从人，上象禾粟之[illegible]形。禾割穗則禿，故轉注謂無髮為禿。

裸 上

音卵。露身曰裸。裸裎。

魯果切。从衣从果。謂其不果衣也。

贅 去

音敠。多而無用者曰贅。入贅。贅疣。

朱芮切。以物質錢曰贅。贅者，以無用之物易有用之財也。故引申為贅疣累贅之贅，皆有餘而無用之意。

沐 入

音木。去首垢曰沐。沐雨。休沐。

莫卜切。沐浴皆有涵濡之象，故引申為沐恩之沐，浴德之浴，及沐日浴月之沐浴。

浴 入

音欲。去身垢曰浴。浴盆。浴池。

余蜀切。

滌 入

音狄。溉濯曰滌。蕩滌。滌滌。

亭歷切。洗也。洗衣曰澣，洗器曰滌。滌所以去垢穢，故引申為滌場之滌。滌則潔淨，故滌滌為淨盡無餘形容詞。

妝 平

音壯。梳洗曰妝。妝臺。宮妝。

側霜切。飾也。女子理容挽髻，所以飾貌也，故謂之妝。引申之，所飾即曰妝，如古妝時世妝之妝是。俗作粧。

臆 入

音億。胷腹之間謂之臆。胸臆。臆說。

乙力切。臆，胷肉也。意所深藏之處，故引申之，凡事之未形而輒以意度人者，謂之臆度，言以胷臆度人也。

佯 平

音羊。僞為也。佯狂。

移章切。僞也。亦作陽。如陽與之善而陰圖之，猶言貌與之善而心實謀害之也。凡佯狂、佯若不知之佯，皆同此義。

舒 平

音書。展曲曰舒。舒徐。

商魚切。从舍从予。予象手伸也。叚借為紓，如舒緩之舒是。

昂 平

音卬。仰首不屈也。低昂。激昂。

五岡切。昂，馬行貌。馬疾行則仰其首也。引申之，凡物仰首而不肯稍屈者，皆曰昂，如軒昂之昂是。

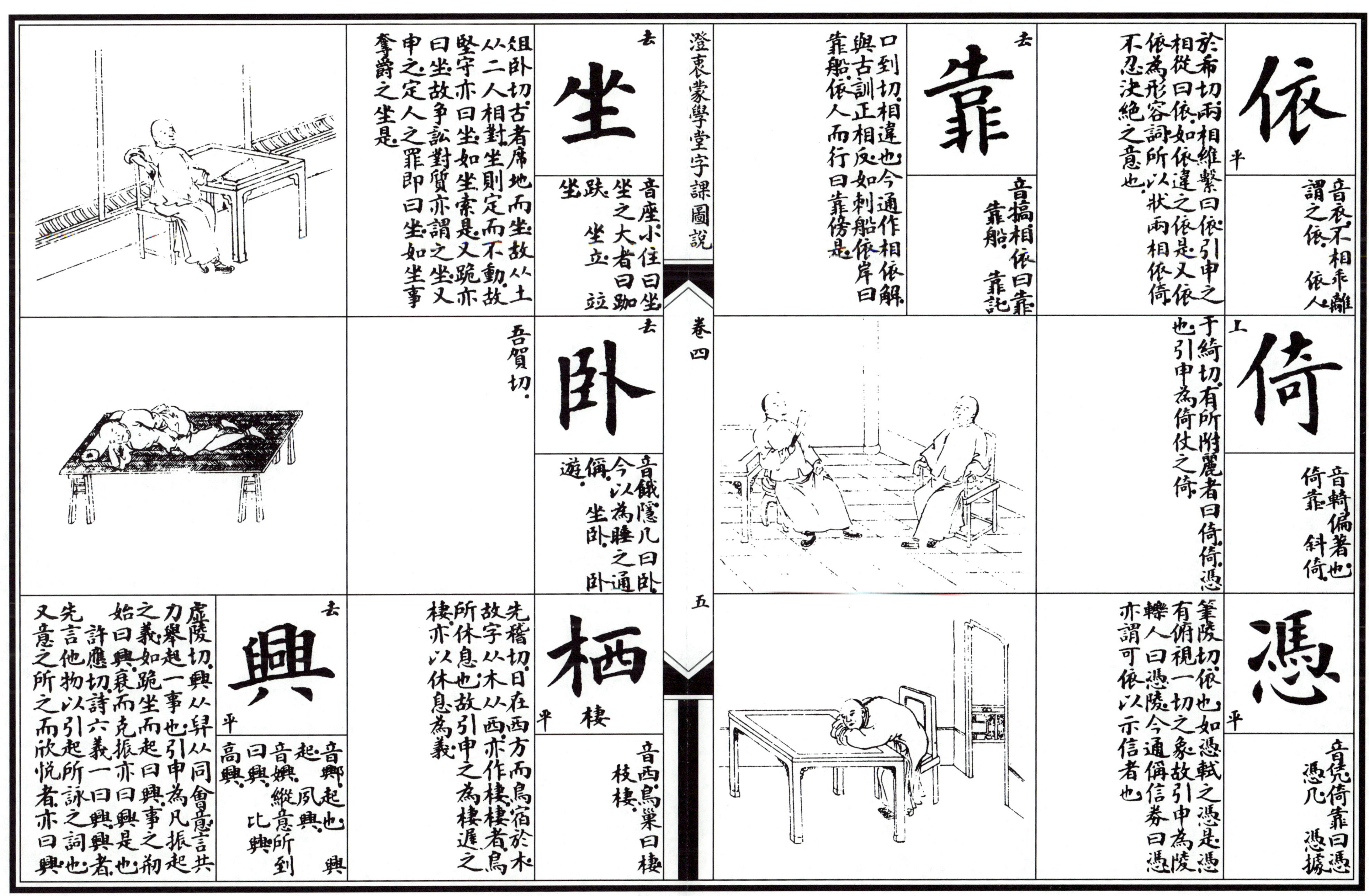

平 **依**

音衣。不相乖離謂之依。依人。

於希切。兩相維繫曰依。依引申之相從曰依。如依違之依是。又依依為形容詞。所以狀兩相依倚不忍決絕之意也。

去 **靠**

音搞。相依曰靠。靠船。靠託。

口到切。相違也。今通作相依解。與古訓正相反。如刺船依岸曰靠船。依人而行曰靠傍是。

上 **倚**

音輢。偏著也。倚靠。斜倚。

于綺切。有所附麗者曰倚。倚。憑也。引申為倚仗之倚。

平 **憑**

音凴。倚靠曰憑。憑几。憑據。

筆陵切。依也。如憑軾之憑是。憑有俯視一切之象。故引申為陵轢人曰憑陵。今通偁信券曰憑。亦謂可依以示信者也。

去 **坐**

音座。小住曰坐。坐之大者曰跏趺。坐立。竝坐。

徂臥切。古者席地而坐。故从土。从二人相對。坐則定而不動。故堅守亦曰坐。如坐索是。又跪亦曰坐。故爭訟對質亦謂之坐。又申之。定人之罪即曰坐。如坐事奪爵之坐是。

去 **臥**

音餓。隱几曰臥。今以為睡之通偁。坐臥。臥遊。

吾賀切。

平 **栖** 棲

音西。鳥巢曰棲。枝棲。

先稽切。日在西方而鳥宿於木。故字从木从西。亦作棲。棲者。鳥所休息也。故引申之為棲遲之棲。亦以休息為義。

平去 **興**

音興。起也。興起。夙興。音嬹。縱意所到曰興。比興。高興。

虛陵切。興从舁从同。會意。言共力舉起一事也。引申為凡振起之義。如跪坐而起曰興。事之初始曰興。衰而克振亦曰興是也。許應切。詩六義一曰興。興者。先言他物以引起所詠之詞也。又意之所之而欣悅者亦曰興。

定 去

庭去聲。動而復靜曰定。定靜。堅定。

徒徑切。安也。如安定、大定是。引申為定國定天下之定。皆使之安之意。又申為定識、定力之定。皆安而不搖之意。又佛家以斂氣歸神為入定。

在 去 上

裁上聲。居也。所居之所亦曰在。行在。在位。音載。義同。

盡亥切。止有其所曰在。引申謂存為在。言人生在世也。如現在、不在是。又昨代切。

傍 去

傍去聲。依也。靠傍。倚傍。

蒲浪切。附於所近曰傍。从人从旁。言不居中而倚于兩旁也。

逸 入

音佚。脫走曰逸。奔逸。安逸。

夷質切。从兔从辵。兔謾訑善走也。故引申為逃逸之逸。逃逸者有求安於危之意。故又申為安逸、無逸之逸。

甯 平

音慜。所願也。又佞平聲。安也。安甯。無甯。

乃定切。願詞也。與慜略同。如甯使、甯固之甯是。又作豈字解。如甯有、甯得之甯是。奴丁切。安也。安甯之甯。本作寍。今敬避宣廟諱作甯。亦作寧。甯寧古本通用。

遑 平

音黃。心暇也。不遑。

胡光切。事暇曰暇。心暇曰遑。故刻無甯晷者曰不遑。詩莫敢或遑。亦同此義。

夢 去 平

音蒙去聲。不明也。神之所交謂之夢。做夢。占夢。

木蒙切。夜不明曰夢。猶言昏昏不可辨也。故不明事理者皆曰夢。因段為寢夢之夢。周禮占夢一正夢、二噩夢、三思夢、四寤夢、五喜夢、六懼夢。讀蒙弄切。

寐 去

音媚。閉目定神寐也。寤寐。假寐。

密二切。寢睡也。泛言之寢睡為寐之總名。析言之在牀曰寢。隱几曰臥。合目曰眠。眠而無知曰寐。坐寐曰睡。不脫冠帶而眠曰段寐。寐謐也。謂靜謐無聲也。

晤 去

音悟。覿面謂之晤。會晤。晤談。

五故切。

會 去

為去聲。聚合曰會。聚會。社會。音儈。核算也。又地名。會計。

黃外切。合也。會之以合眾好也。故引申為和會、會同之會。會又以為交接之偁。如元會、交會之會。是交會者歲之一終也。凡聚合眾數而核之亦曰會。如歲會、會計是。讀古外切。

偕 平

音皆。同伴曰偕。偕老。偕行。

居諧切。

陪 平

音裴。倍之為陪。陪敦。光陪。

蒲枚切。重阜也。陪貳、陪臣、陪賓之陪皆以重為義。今通偁相伴曰陪。則由陪貳引申者也。

頫（上）

俛　俯

音甫。仰之對也。俯仰。音糶。諸侯合使卿聘于天子曰頫。殷頫。

匪父切。與俛同。古讀如勉。俯則形聲字也。俯必下其首。有就下之象。故引申為俛就之俯。他弔切。聘也。大夫衆來曰頫。寡來曰聘。與俯俛二字不通。

仰（上）

音茚。上視曰仰。仰仗。仰望。

魚兩切。望也。人有所望則仰其首。俗以為以尊命卑之詞。如公文自上行下曰仰是也。

伸（平）

音身。物曲而復直曰伸。屈伸。伸縮。

升人切。人志倦則欠。體倦則伸。伸直也。體直則舒。故引伸為伸冤之伸。凡字之新義。即由本義推衍者。謂之引伸義。蓋謂其義初未盡展。故從而伸直之也。

屈（入）

音詘。撓物使曲曰屈。伸屈。屈抑。

區勿切。不伸也。物生本直。其不直者。必為人所屈也。故引申為屈抑冤屈之屈。

顛（平）

音巔。頂顙也。顛倒。顛狂。

都年切。首之頂曰顛。顛高絕處也。故表桿之頂曰表顛。山峯之頂曰山顛。困跌為顛沛。顛覆之顛。又迷惑之疾曰顛狂。言其顛倒失常也。

倒（上　去）

刀上聲。仆也。跌倒。音到。錯置也。顛倒。倒置。

都皓切。仆而不起曰倒。倒塌壞也。故引申為偃蹇困蹭之義。如潦倒之倒。是物倒則錯亂。故又申為顛倒之倒。讀刀號切。

傾（平）

音卿。偏側曰傾。傾側。傾覆。

去營切。首不正也。不正則側。故引申為傾敧之傾。敧側則覆。故又申為傾覆之傾。又佩服人曰傾倒。蓋猶五體投地之意。

偃（上）

煙上聲。仰而仆也。偃蹇。

於幰切。伏而覆曰仆。仰而倒曰偃。引申為偃息之偃。猶言高卧無事也。又為偃蹇之偃。猶言顛蹶不振也。

息（入）

音熄。一呼一吸謂之息。氣息。太息。

相即切。心氣竅于鼻也。方書以呼吸定息。人一日一夜。凡一萬三千五百息。周于身。故息者鼻息出入循環不已也。如但呼而不吸者。謂之喘息。引申為休息安息之息。

嬉 平

音僖。笑無常度曰嬉。嬉遊。荒嬉。

虛宜切。

暱 入 眤

音匿。親狎曰暱。親暱。

尼質切。日近也。引申為暱燕狎暱之暱。皆以燕好親近為義。字亦作眤。

遮 平

音⿰亻庶。扞使不行曰遮。遮蓋。遮攔。

正奢切。从後遏也。如遮道遮止是。引申為遮掩之遮。則以从上遏之為義。

逼 入

音偪。迫近曰逼。相逼。逼近。

彼側切。近也。近則不寬。故待人不寬假者曰逼。如促逼逼迫是。

替 去

音剃。相代曰替。替人。

他計切。凋謝也。凋謝則衰。故引申為衰替之替。凡物有替必有代。故以此代彼亦曰替。

休 平

朽平聲。息止曰休。又美也。休息。休譽。

許尤切。唐法十日一休沐。休。息也。西人以禮拜日為休沐之期。即其遺意。段借為喜。喜休一聲之轉。如休咎之休是也。

任 去 平

音壬。以恩相信曰任。任俠。壬去聲。以事為己責也。任重。任意。

如林切。任。信於友道也。如任恤任俠之任是。負擔亦曰任。如詩我任我輦。孟子門人治任之任是。引申為職任之任。謂以官守之事為己任也。讀如鴆切。

戴 去

音對。以首任物曰戴。頂戴。愛戴。

昨戴切。戴。載也。載之於頭也。天覆乎上。為人所仰戴。故曰戴天。引申為尊奉之義。如愛戴之戴是。

列 入

音裂。序次曰列。行列。列侯。

巨辥切。凡物各得其次者曰列。引申為陳列之列。

努 上

音弩。勉用其力曰努。努力。

奴古切。努。怒也。若有所怒則奮自用力也。

毓 入

音育。生物曰毓。孕毓。毓秀。

余六切。本古育字。今專用為生養艸木而言。

處 去 上

音杵。居也。出處。處暑。杵去聲。所居之地曰處。何處。處處。

昌與切。止而居之謂之處。故裁斷亦曰處。言身處其中而決之也。如處分、處置皆是。引申之。所處之地亦曰處。如軍機處、侍衛處是也。讀昌據切。

就 去

音鷲。事成曰就。詣人之所亦曰就。成就。就近。

疾僦切。从京从尤。尤異於凡也。京高大也。物之高大而異凡庸者。非可驟幾。必漸造以底於成。故引申為造就。急就之就。皆以成為義。又為相就。就正之就。皆以造為義。又與即字同意。如就使、就令之就是。

住 去

音駐。息止曰住。住宅。小住。

廚遇切。人棲止之所曰住宅。引申之。凡止皆曰住。如住口、且住之住是。

留 平

音流。挽使勿去曰留。挽留。留客。

力求切。止人曰留。自止亦曰留。引申為存留、留難之留。

匿 入

音慝。深藏不露曰匿。匿怨。隱匿。

昵力切。凡物之隱藏於內、事之隱藏於心者皆曰匿。故从匸从若。言如物之藏在匸中。隱而不可辨也。

接 入

音楫。兩相授手曰接。接見。接物。

即涉切。手交也。足交謂之交。手交謂之接。

從 去 平 从

俗平聲。隨行曰从。從違。俗去聲。侍從。促平聲。從容。音蹤。從橫。

疾容切。從古作从。隨行也。如相从、聽从之从是。才用切。从人也。如陪从、賓从之从。與从祖从父之从皆是。七恭切。舒緩不迫也。如從容之從是。又通為從橫之從。讀即容切。

導 去

音盜。引之使通曰導。開導。引導。

杜到切。凡不通而引之使通者曰導。導。道也。導之以就正道也。今學中之官有訓導。言主教導學官弟子者也。

旋 去 平

音璿。圓轉曰旋。周旋。斡旋。音漩。繞機而轉曰旋。旋絲。旋軸。

旬緣切。回旋也。象旌旗之指麾。回旋不已也。引申為周旋、折旋之旋。言進退之間。圓轉合度也。又申為輪軸旋動之義。如重學家旋軸、螺旋之類皆是。讀辭戀切。

伴 上

盤上聲。相陪之人曰伴。伴侶。同伴。

蒲管切。

臨 平

音林。居高視下曰臨。照臨。臨下。

力尋切。隱几視下也。引申之。从上視下皆曰臨。如臨民、臨淵之臨是。臨猶蒞也。因引申為光臨、駕臨之臨。

儔 平

音酬。匹偶曰儔。儔類。

直由切。同類相等之儔。

志（去）

音誌。心之所之為志。 志氣 立志

支義切。心所專注謂之志。專注則不忘，故引申為記識之識，如國志、縣志是。

意（去）

音薏。心之所動謂之意。 意思 願意

於戲切。志之發也。从心从音。以意不可見，察言而知意也。引申為意度之意。

思（平）

音司。心有所念也。 思慮 相思

息茲切。思彙于腦，故从囟。（囟）古以腦之覺路為心，故从心。學以思為主，用之于真理則思進于實，如泰西格致之精、致治之肅，以思勝也；用之于空談則思廢于虛，如中國陰陽拘忌、神仙誕妄之類是矣。

想（上）

音養。有所冀而思之曰想。 想念 夢想

寫兩切。物未至而意之也。

憶（入）

音抑。思念曰憶。 記憶 憶遠

伊昔切。所思不見謂之憶，如已往之事、遠別之人，拳拳于心，皆是也。

念（去）

音捻。久思曰念。 心念 記念

奴玷切。黏也。謂黏于心而不能忘也。

性（去）

音姓。生而然者謂之性。 性情 德性

息正切。天命之謂性。孟子言性善，荀子言性惡，揚子言性善惡混，昌黎韓子非之，其原性一篇謂性有上中下三品，實與孔子性相近二章相合。泰西學者謂人性由于祖先遺傳，其說頗近韓氏。

情（平）

音晴。人欲謂之情。 性情 情理

慈盈切。情者，性之動也。性為情之體，情為性之用。其類有七，喜怒哀懼愛惡欲是也。

衷（平）

音中。內衣也。 折衷 衷懷

陟隆切。裏褻衣也。段借為中，如天誘其衷之衷是。

懷（平）

音槐。心有所念也。 懷抱 歸懷

乎乖切。念思也。思蘊于內，故段為懷抱之懷。懷有包絡之義，故又申為懷山襄陵之懷。

怡（平）

音飴。和悅之貌。 怡情 怡怡

延知切。安于中而悅乎外也。悅有欣動之色，怡則為和順之形。

悅（入）

音閱。喜色也。 大悅 悅樂

欲雪切。樂極而形于面也。古與說字通用，後人作悅字以別之。

慰 去

音尉。安之以愜其情曰慰。 安慰。 慰勞。

於胃切。

快 去

音塊。足于心也。 快樂。 爽快。

苦夬切。快之言暢也。世謂有疾曰不快，以其不暢于中也。今俗以作事敏疾為快。

欣 平 訢

音訢。喜悅之貌。 欣然。 歡欣。

許斤切。古文作訢。

幸 上

音倖。非分而得謂之幸。 徼幸。 幸哉。

下耿切。轉憂為喜曰幸，故凡佳遇皆偁為幸。引申之，天子所至曰幸；所親愛亦曰幸。謂車駕所涖，被其澤者以為僥倖也。又申之，謂非所當得而得，與不可免而獲免，皆曰幸。如幸位、幸生等是。

慕 去

音暮。係戀不忘謂之慕。 思慕。

莫故切。愛而習翫之曰慕。愛則生羨，故引申為羨慕之慕。

羨 去

音[illegible]。心所願欲曰羨。 羨慕。 欣羨。

似面切。貪欲也。貪者必欲其有餘，故叚借為羨餘之羨。

願 去

音愿。心愜曰願。 如願。 願意。

虞怨切。大頭也。叚借為發聲之辭。如詩「願言思伯」、「願言則嚏」皆是。又叚為羨，如書「敬修可願」、禮「國人偁願」之願，皆以羨慕為義。

肯 上

音懇。可之之意。 肯來。 首肯。

苦等切。著骨之肉也。叚借為可。可者，肯之轉音。

愜 入

音篋。快也。 愜心。 愜當。

乞協切。意滿之謂也。

憂 平

音優。愁也。 憂愁。 隱憂。

於尤切。鬱于心而不釋曰憂。引申之，病亦謂之憂，以憂為心之疾也。更申之，居喪亦曰憂，如宅憂、丁憂皆是。

慮 去

音鑢。心有所圖曰慮。 思慮。

良據切。深思為慮。軍前所持幡曰慮無，謂其可以慮有無也。叚借為慮囚之慮。慮錄音近，慮囚與錄囚同。

哀 平

音唉。悲痛之意也。 舉哀。 哀傷。

於開切。哀者七情之一，樂之反也。又謚法恭仁短折曰哀。

傷 平

音商。創也。傷心。毀傷。

尸羊切。創之淺者曰傷。傷者損敗之意。故引申為毀傷之傷。叚借為悲傷之傷。

悲 平

音卑。傷痛之意。悲傷。

逋眉切。有聲無淚曰悲。內動字也。引申為外動字。如佛經慈悲之悲是。

愁 平

音愁。憂思不釋懷也。憂愁。愁

鋤尤切。憂之蓄于心者為愁。愁字从秋。禮記秋之為言愁也。愁讀如揫。愁揫疊韻。

怨 去

音苑。德之反也。怨恨。多怨。

紆願切。仇人曰怨。即俗所謂怨家也。從而仇之即曰怨。如怨恨憤怨皆是。

恨 去

音根。怨也。怨恨。恨事。

下艮切。怨之極也。怨人曰恨。自怨亦曰恨。故引申為悔恨之恨。

慘 上

音黲。毒也。慘酷。哀慘。

七感切。苛虐已甚曰慘。受虐者心必傷。故引申為慘傷慘怛之慘。

悼 去

音導。心傷曰悼。傷悼。

杜到切。懼也。引申之。心所傷感曰悼。心所愛憐亦曰悼。禮七年曰悼。雖有罪不加刑。憐其無知而陷于罪也。又謚法中年早夭曰悼。

患 去

音宦。害也。患難。憂患。

胡慣切。禍害曰患。如患難之患是。臨禍而慮之亦曰患。如憂患之患是。

悶 去

音懣。懣也。憂悶。

莫困切。鬱而不舒曰悶。

悵 去

音暢。望恨也。惆悵。悵然。

丑亮切。

惻 入

音測。心有所傷謂之惻。惻隱。

察色切。見可憫而隱痛于心也。

感 上

甘上聲。動人心也。感通。興感。

古禫切。因動其心曰感。心理學家所謂神經統系。若腦若脊髓若周身腦氣筋是也。凡耳目口鼻肌膚觸于外物。而腦筋為之變動者。皆曰感。引申為感恩感化之感。

慨 去

音欬。感不絶于心也。 感慨。 慨然。

口溉切。忼慨，壯士不得志也。不得志則感歎生，故引申為感慨、慨歎之慨。

驚 平

音京。駭也。 震驚。 驚駭。

居驚切。馬駭謂之驚。引申之，凡有所駭皆曰驚。

恐 上

音恐。怖動曰恐。 恐懼。 驚恐。

丘勇切。心虛而精氣并于腎則恐。恐者驚惶之意也，而與懼微異。懼在恐後，恐在懼先。

畏 去

音慰。懼極曰畏。 畏服。 可畏。

紆胃切。从由从虎省。甶，鬼頭而虎爪，可畏也。凡人腎氣本虛而脾氣并之則畏。畏則不爭，故心服亦曰畏。段借為隈。考工記弓人「恆當弓之畏」，畏即隈也。

懼 去

音具。恐也。 恐懼。

衢遇切。恐有驚惶之意，懼者恐之實也。

怕 去 入

音柏。靜也。 音帕。心有所恐曰怕。 怕懼。 驚怕。

普伯切。無為也。古訓為澹怕之怕，與泊通。今專訓為懼，讀普駕切。但懼字較文，怕字略俗耳。

怯 入

音㾀。多畏也。 膽怯。 怯弱。

乞業切。勇之反也。不勇則不強，故引申為怯弱之怯。

懦 去 上 平

音耎。駑弱曰懦。 懦夫。 懦弱。 音儒，音愞，義並同。

乳兗切，古音如暖，今讀如駑。懦者多所憚而氣不振也。又人朱切、奴臥切。

悚 上

音聳。恐懼之意也。 悚懼。

息勇切。驚而心動曰悚。通作聳。

憚 去

音但。心有所忌曰憚。 忌憚。 憚煩。

杜晏切。憚，畏難也。

羞 平

音修。進獻之物曰羞。又恥也。 膳羞。 羞恥。

思留切。致滋味為羞。引申之，凡有滋味者皆曰羞，如周禮掌王之飲食膳羞是。段借為羞辱、羞愧之羞。

慙 平

音蠶。愧也。 慙愧。 羞慙。

財甘切。愧之見于色者為慙。

辱 入

音蓐。受侮于人謂之辱。　屈辱。

儒欲切。辱者榮之反也。又用作謙辭。辱貺。辱臨。皆以己浼人之意。

恥 上

褫上聲。自慙也。　恥辱。　羞恥。

丑里切。過而自愧曰恥。从心耳會意。人心慙則耳熱也。

赧 上

音難。面慙赤色也。　赧然。　赧赧

乃版切。愧而上見謂之赧。周有赧王。言其坐失天下。當有愧色也。

憤 上

墳上聲。懣也。　憤怒。　發憤。

文吻切。憤。積也。怒積而不可遏也。怒人曰憤。自怒亦曰憤。如發憤忘食之憤是。

怒 去

奴去聲。恚甚而形于色也。　發怒。　怒詈。

奴故切。憤之發于外者曰怒。怒有不可遏之形。故引申為怒生怒放怒飛之怒

憎 平

音增。心有所惡曰憎。　憎惡。　愛憎。

咨登切。愛之反也。

憾 去

含去聲。恨也。　無憾。　遺憾。

胡紺切。心有所缺而不平也。

忿 上

音魵。恚也。　忿怒。

撫吻切。怒蓄于心也。

慍 去

音蘊。含怒之意。　慍怒。　解慍。

紆問切。慍之言蘊也。謂蘊怒而猶未發也。

恣 去

資去聲。縱情自便曰恣。　放恣。　恣睢。

資四切。越禮橫行謂之恣。恣。縱也。謂縱其心而無所忌也。

慢 去

音縵。放肆曰慢。　怠慢。

莫綰切。慢之言漫。言其散漫無紀律也。故自放曰慢。侮人亦曰慢。

怠 上

音待。懈也。　懈怠。　怠心。

蕩亥切。先時不備謂之怠。引申之為怠忽怠惰之怠。

惰 上

音埵。懈而不振之形。怠惰。惰慢。

杜果切。臨事不敬謂之惰。引申之為惰偷、惰游之惰。

懈 去

音解。筋節鬆散曰懈。懈怠。少懈。

居隘切。怠也。

嗜 去

音視。心之所喜謂之嗜。嗜欲。

時利切。嗜者，所欲飲食也。故从口。引申之，凡心所欲者皆謂之嗜。如嗜學、嗜殺是。

欲 入

音浴。心所貪愛曰欲。欲念。嗜欲。

余玉切。凡物欲、人欲皆謂之欲。俗作慾。欲之言續，為其貪而不已也。引申為願欲之欲，如論語我欲仁是。更申為將然之詞，如方欲、渾欲之欲是。

戀 去

音孌。係慕曰戀。係戀。相戀。

龍眷切。迹去而心留者謂之戀。

忘 去 平

音亡。事不記憶曰忘。忘記。善忘。音妄。遺忘也。

無方切。氣下而不上，則使人善忘。从心亡會意。心亡則不復記憶，故曰忘。又志不在曰忘，如左傳歃如忘是也。讀無放切。

急 入

音伋。迫也。緩急。急促。

訖立切。褊心曰急。急者，迫不及待之謂也。故引申為窘急之急，如禮記國無六年之蓄曰急是。又申為急難之急，如左傳宋人告急是。

猜 平

音偲。兩不相得曰猜。無猜。猜疑。

倉才切。恨也。恨則不相信，故引申為猜疑之猜。俗倆不知其事而懸度之謂之猜。

忌 去

音惎。相猜曰忌。忌諱。妒忌。

奇寄切。妒也。惡也。以色曰妒，以行曰忌。君薨之日謂之忌，辰惡其日之不祥也。忌則不忍言，故引申為忌諱之忌。又申為戒忌之忌。

疑 平

音宜。惑也。疑惑。無疑。

凝其切。疑，不信也。不相信曰疑，不自信亦曰疑。

惑 入

音或。不了了也。疑惑。迷惑。

戶國切。迷其覺路謂之惑。終身不解謂之大惑。又熒惑，星名。

嬖 去

音閉。邪僻取愛曰嬖。嬖人。嬖妾。

必計切。賤而得幸謂之嬖。故在小人曰嬖人，在賤婢曰嬖妾。

私 平

音司。公之對也。公私。私心。

相咨切。禾也。叚借為公私之私。轉注謂所親愛者曰私。如左傳非其私暱。雜記大夫有私喪是。女子謂姊妹之夫曰私。亦取私暱之意。又俗偁小便為私。私溲一音之轉也。

歉 上

音嗛。欠缺也。抱歉。

苦簟切。一穀不升曰歉。引申之不足皆曰歉。今書札謙詞動偁歉甚歉然。皆不足于心之義也。

懍 上

音廩。敬畏之貌。懍懍。懍然。

力錦切。敬也。而有戒懼之意。

惕 入

音剔。敬也。懼也。怵惕。

他歷切。心有所怵曰惕。

戒 去

音介。備豫不虞曰戒。戒備。警戒。

居拜切。警也。从廾持戈。以戒不虞也。故軍事有戒嚴。祭事有齋戒。均取先時戒備之意。

激 入

音擊。疾波也。又感動之意。激切。激厲。

訖逆切。水礙而邪行。其波疾急謂之激。激者急動也。故言論過直謂之激。激切引申為激發感激之激。

耐 去

音奈。忍也。忍耐。

乃代切。古文作耏。後沿作耐。耏者鬚也。漢法罪不至于髡完其耏鬢謂之耐。叚借為忍耐之耐。

蘊 上 去

音緼。善藏曰蘊。底蘊。蘊藉。音慍義同。

委粉切。於問切。叢聚曰蘊。古文作薀。左傳芟夷薀崇之是也。今專用為蘊蓄之蘊。引申之為蘊結蘊藉之蘊。

虔 平

音乾。壹而不移謂之虔。虔誠。矯虔。

渠焉切。虎行貌。叚借為擊。擊固也。固而讓者謂之敬。如詩韓奕虔共爾位是也。固而不讓謂之執。如書呂刑奪攘矯虔是也。又秦晉之北鄙謂賊為虔。故更申為虔劉之虔。

欽 平

音衾。敬也。欽差。欽命。

祛音切。敬以行事曰欽。如尚書欽哉。欽若是也。今御纂之書曰欽定。奉命出使曰欽命。詔書之末曰欽此。皆取尚書欽字之意。

寵 上

音沖上聲。光榮曰寵。光寵。寵辱。

丑勇切。尊居也。尊居必榮。故引申為榮寵之寵。又申為寵愛之寵。

懇 上

音墾。款誠之意。誠懇。懇情。

口很切。懇懇到也。有情文兼至之意。今俗以求人為懇。

恃
上

音市。賴也。依恃。自恃。

丞矢切。有所憑依曰恃。

擬
上

疑上聲。揣度曰擬。比擬。擬度。

偶起切。有所準以揣測之也。引申為比擬之擬。

慣
去

音串。習也。習慣。不慣。

古患切。習與性成謂之慣。古通作貫。

料
去　平

音聊。量也。料量。音燎。材質曰料。馬料。料頭。

連條切。輕重曰量。多少曰料。其文从斗。米在其中。言計數之也。引申為料理之料。又申為料度之料。力弔切。料者。人物材質之總名也。如飼畜者曰麩料。穜田者曰肥料。治屋者曰木料。皆隨其材質言之。

決
入

音玦。水潰曰決。能斷亦曰決。河決。決斷。

古穴切。導水使流曰決。水不循道而自行亦曰決。決者。直行無礙之意。故引申為決斷之決。更申之以遂斷物亦曰決。

察
入

音刹。覆審也。觀察。察核。

初戛切。審及纖微謂之察。如考察廉察是也。更申為苛察之察。

審
上

音嬸。詳悉曰審。會審。審案。

式荏切。从宀从釆。宀覆也。宷釆辨也。覆之而又能辨之也。故凡事之能詳其源悉其理者。皆曰審。鞫獄亦曰審。所以辨人之曲直也。

解
上

皆上聲。判也。支解。解散。

舉蠏切。从刀判牛角。言衆理解也。物解則無結力。故引申為解散解釋之解。又段為解怠之解。與懈同。

知
去　平

智平聲。識也。知識。相知。又與智同。

珍而切。心徹為知。外界諸象。屢感腦筋。而深印其象于腦海。則他日再遇。自能按因決果。是為知。且更事既多。即素所閱歷者。亦能比例得之。則知之進步也。知意切。

識
去　入

音式。知也。認識。識見。音志。記所知曰識。默識。

賞職切。識者。知也。有分別是非之義。事經分別。必標誌之而後不混。故引申為表識之識。讀職吏切。三代鐘鼎文。隱起而凸曰款。中陷而凹曰識。即表識之意也。

覺
去　入

音角。寤也。知也。發覺。覺路。音教。義同。

訖岳切。自寐而寤曰覺。覺有醒動之義。故引申為覺悟知覺之覺。段借為高大之偁。如詩有覺其楹是也。又讀居效切。

悟
去

音誤。覺也。覺悟。悟性。

五故切。迷之對也。無覺謂之迷。有覺謂之悟。

悔 去 上

音誨。恨也。改也。悔恨。改悔。音賄。咎也。悔吝。

呼對切。知不善而自恨之曰悔。如悔過之悔是。終于不善亦曰悔。如悔吝之悔是。讀虎猥切。

趣 去

音娶。心所向也。志趣。趣味。

七句切。遽疾之意也。叚借為趣向之趣。意之所向必有深味。故引申為趣味之趣。

矜 平

音㨷。矛柄也。棘矜。音兢。憐也。矜憐。哀矜。

渠巾切。戟鋋之把謂之矜。如史記鉏櫌棘矜是也。叚借為矜憐之矜。又叚為矜式之矜。不矜人而妄自尊大。亦謂之矜。如自矜矜誇皆是。讀居陵切。

恤 入 卹

音戌。憂也。又相憂也。憂恤。恤孤。

雪律切。自憂曰恤。如詩出則銜恤是。憂人之憂亦曰恤。如周禮以恤禮哀寇亂是。

憐 平

音蓮。相哀曰憐。相愛亦曰憐。可憐。憐愛。

靈年切。

惜 入

音昔。痛之愛之皆曰惜。可惜。惜物。

思積切。惜之言痛也。以之痛人。則為憐惜之惜。以之痛物。則又為吝惜之惜。

慈 平

音磁。愛也。慈父。慈母。

才資切。慈者。愛出于心而恩被于物也。

慎 去

蜃去聲。謹靜曰慎。謹慎。慎思。

時刃切。慎以謹飭為義。如書慎乃在位是。又為禁戒之詞。如史記慎無反是。

恕 去

書去聲。推己及人為恕。忠恕。

商豫切。如心曰恕。言以己心度人心也。

專 平

音磚。誠一之意。專心。

朱緣切。六寸簿也。即古之笏。今謂之手版。叚借為專一之專。專者。執而不易之謂。故引申為自專專擅之專。

忙 平

音茫。心迫也。慌忙。匆忙。

朚謨郎切。从明亡聲。言人晝夜作。無日用月。無月用火。常思明也。今字作忙。

擾 上

音繞。亂也。亦安亂之意。擾亂。

爾紹切。致亂曰擾。如書俶擾天紀是也。未亂而豫安之亦曰擾。如周禮司徒擾邦國是也。引申之為擾畜之擾。言養而使之馴也。

煩 平

符袁切熱頭痛也身熱則心煩故引申為煩躁煩擾之煩

音樊躁也 煩悶 煩簡

惱 上

乃老切事物撓心曰惱

音腦煩恨也 煩惱 懊惱

聽 去 平

他定切聽之功效全在耳脈因耳脈受外氣顛動遞層傳遞達于腦筋故腦筋感動而成聽也聽與聞異聞者聲自來而耳受之聽則兼以耳求聲者言也段為聽其自然之聽聽猶任也又他丁切古多段為廳事之廳

音侹以耳受聲曰聽 視聽 音廳義同

聞 去 平

無分切聲由空氣以傳於耳而耳受之謂之聞引申之為人所聞亦曰聞如令聞聲聞是讀亡運切

音文聲達於耳曰聞 傳聞 音問聲譽遠達曰聞 聞望 聞達

聰 平

倉紅切耳徹曰聰聰者言能聞聲而審其意也

音驄長於辨聲曰聰 耳聰 聰明

聾 平

盧紅切聾聾也言如在蒙聾之內聽不察也人耳內有小骨三互相銜接外連耳鼓則三小骨遞氣傳來激動耳鼓聲浪自空傳而達于腦腦覺之即謂之聞耳鼓破則全不聞小骨損則非大聲不聞皆聾也

音籠耳不受聲曰聾 耳聾 聾聵

響 上

許兩切實而精者曰聲樸而浮者曰響響怳也言怳怳不可辨也故語言之怳惚不可辨者曰影響之談

音享應聲曰響 響應 影響

韻 去

禹熅切古作均謂聲之均而相應也魏李登以字分宮商角徵羽五音作聲類為韻學之權輿是而後代有增益至我朝欽定佩文韻府集韻學之大成今詩韻是也又景物之雋而有致者曰韻

音運音之員和者為韻 詩韻 韻事

視 上

時吏切瞻也段借為示如視民不恌之視是

音嗜以目察物曰視 看視 視聽

見 去

經電切視也目與物接謂之視目已接物謂之見見則物無遁形故凡由隱而顯由微及著皆曰見讀形甸切引申為見在之見

堅去聲物形入目曰見 看見 見客 賢去聲呈露目前曰見 發見

看 去 平

苦寒切睎也从手从目會意凡有所望者常以手加目上障日聚光也亦讀袪幹切

音刊平視曰看 看管 看待 刊去聲義同

視

見

看

聾

響

韻

聞

聽

窺 平

音魁。竊視曰窺。窺視。窺見。

缺規切。眇視也。凡旁視、側視、或乘隙而視皆曰窺。故申為窺探之窺。

顧 去

音故。迴首視物也。四顧。顧忌。

古慕切。還視曰顧。顧者，回首以視後有眷眷不忘之義。故引申為眷顧、顧命之顧。又為轉語詞，所以回顧前文者也。通段為雇，故以值傭人曰顧傭。

盼 去

攀去聲。美目流視之貌。顧盼。盼望。

匹襇切。目黑白分曰盼。黑白分則視物益明，故盼亦訓視。盼流覽也。流覽必增媚態，故又為美人動目之貌。

覽 上

藍上聲。周視曰覽。觀覽。

魯敢切。

覿 上 睹

音睹。視物無所障曰覿。目覿。

董五切。與睹通。

瞬 去

音舜。目動曰瞬。轉瞬。瞬息。

舒閏切。目開闔數搖曰瞬。瞬者，頃刻間事，故俄頃之間曰一瞬，亦曰瞬息。

相 去 平

襄去聲。省視也。相度。擯相。音襄。彼此感應之詞。相就。相交。

息亮切。凡有所視皆曰相。如相法、相擇之相是。百僚之長曰宰相，謂佐天子以相視下民也。故引申為輔相、擯相之相。段借為像。今西人攝影之法曰照相。又思將切。如相思、相助之相是。

認 上

音刃。識別事物曰認。識認。認明。

而振切。辨也。言心有所主而能分別不淆亂也。故臨事不惑曰認定，主意不改曰認真。

監 去 平

減平聲，亦讀去聲。躬莅其事曰監。監臨。太監。

居銜切，古陷切。臨下也。古監軍、監國皆有鑒臨之意，故天監、神監之監，均與鑒通。史記黃帝置左右監，後世因以寺宦曰內監。蓋取左右監護之意。引申之，囹圄亦曰監，言監察盜賊使不踰越也。

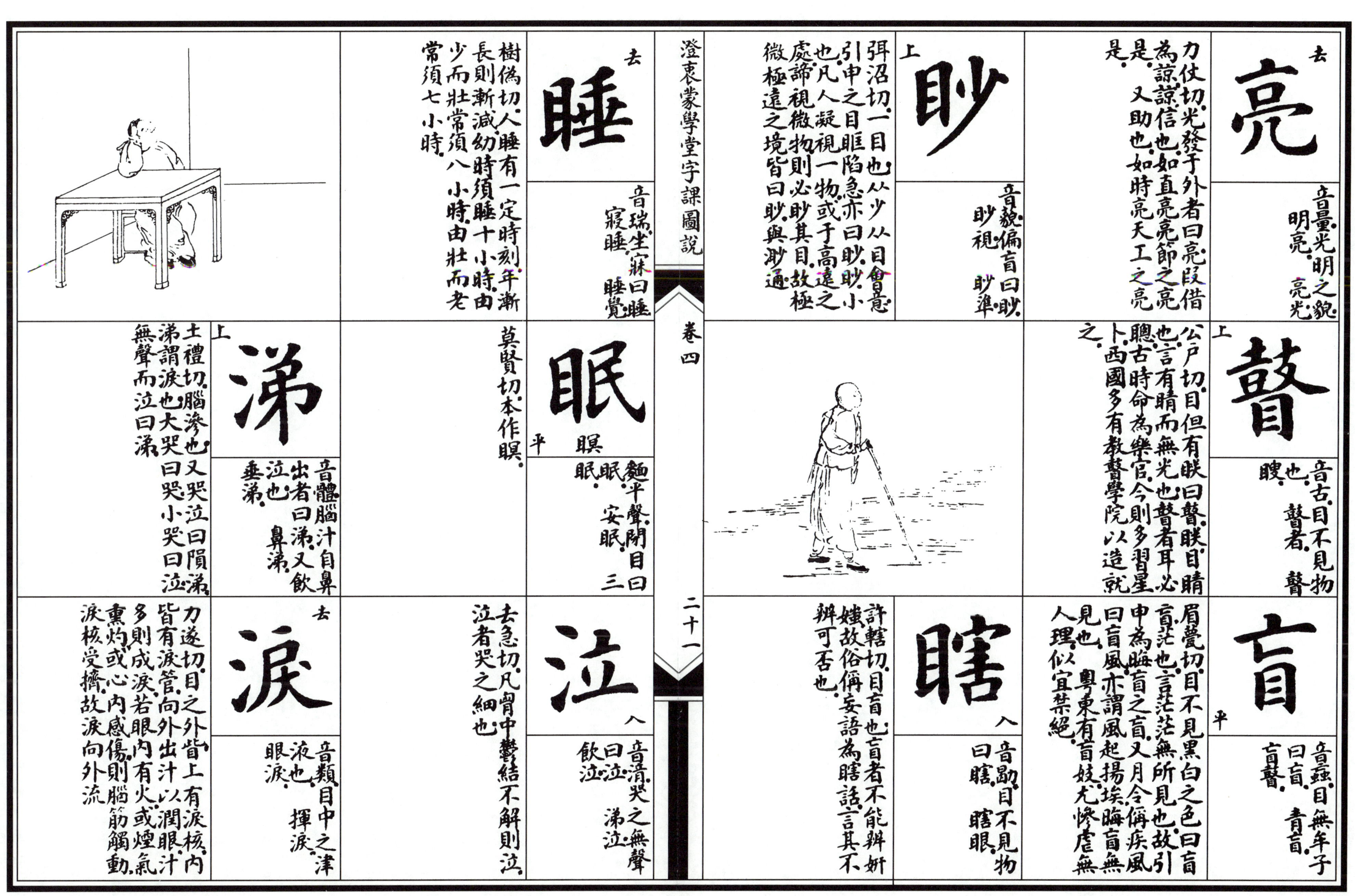

亮 去

音量。光明之貌。明亮。亮光。

力仗切。光發于外者曰亮。叚借為諒。諒，信也。如直亮、亮節之亮是。又助也。如時亮天工之亮是。

瞽 上

音古。目不見物也。瞽者。瞽瞍。

公戶切。目但有眹曰瞽。眹，目睛也。言有睛而無光也。瞽者耳必聰。古時命為樂官。今則多習星卜。西國多有教瞽學院以造就之。

盲 平

音蝱。目無牟子曰盲。青盲。盲瞽。

眉甍切。目不見黑白之色曰盲。盲，茫也。言茫茫無所見也。故引申為晦盲之盲。又月令偁疾風曰盲風。亦謂風起揚埃，晦盲無見也。粵東有盲妓，尤慘虐無人理，似宜禁絕。

眇 上

音藐。偏盲曰眇。眇視。眇準。

弭沼切。一目也。从少从目，會意。引申之，目眶陷急亦曰眇。眇，小也。凡人凝視一物，或于高遠之處諦視微物，則必眇其目。故極微極遠之境皆曰眇。與渺通。

瞎 入

音勳。目不見物曰瞎。瞎眼。

許轄切。目盲也。盲者不能辨妍媸，故俗偁妄語為瞎話，言其不辨可否也。

睡 去

音瑞。坐寐曰睡。寢睡。睡覺。

樹偽切。人睡有一定時刻。年漸長則漸減。幼時須睡十小時。由少而壯，常須八小時。由壯而老，常須七小時。

眠 平 瞑

麵。平聲。閉目曰眠。安眠。三眠。

莫賢切。本作瞑。

泣 入

音清。哭之無聲曰泣。涕泣。飲泣。

去急切。凡胷中鬱結不解則泣。泣者，哭之細也。

涕 上

音體。腦汁自鼻出者曰涕。又飲泣也。鼻涕。垂涕。

土禮切。腦滲也。又哭泣曰隕涕。涕謂淚也。大哭曰哭，小哭曰泣，無聲而泣曰涕。

淚 去

音類。目中之津液也。揮淚。眼淚。

力遂切。目之外眥上有淚核，內皆有淚管，向外出汁以潤眼。汁多則成淚。若眼內有火，或煙氣熏灼，或心內感傷，則腦筋觸動，淚核受擠，故淚向外流。

言 平

鄢平聲。以詞達意曰言。　言談。　話言。

魚軒切。語氣在口為言。言心聲也。心有所感則言發于外。古人以言為身之文。故發言最慎。

語 去 上

魚上聲。以詞意相答述曰語。　言語。　語氣。　魚去聲。以言告人也。

魚許切。直言曰言。論難曰語。語者。以己意述諸人也。故引申為語告之語。讀魚據切。

詞 平

音祠。達意之言曰詞。　言詞。　詞意。

詳茲切。从言从司。意所司也。意所勿能道者。而言以足之。則謂之詞。如詞意詞氣之詞是。

云 平

音雲。發語詞。　云云。　云爾。

于分切。云古雲字。山川上騰氣也。後人加雨作云。而訓云為言。云發語詞也。引申為語助詞。如云耳云胡之云是。

曰 入

音越。發語之端也。　子曰。　或曰。

王伐切。篆文从口乚聲。象口出氣也。

說 去 入

音刷。道達詞意謂之說。　論說。　音稅。以詞動人曰說。　說客。　音閱。同悅。

輸熱切。　輸芮切。　欲雪切。

謂 去

音胃。有所指而言之曰謂。　無謂。　偁謂。

于貴切。論人曰謂。互相告語亦曰謂。

話 去

音畫。出言曰話。　說話。　話柄。

胡卦切。言之蓄于喉間者為音。言之發于舌端者為話。从言从舌會意。

談 平

音郯。對語曰談。　談笑。　長談。

徒藍切。談者。和悅而言也。談必兩人相對。故世以圍棋為手談。即取兩人相對之義。

講 上

音港。討論事理曰講。　講書。　講堂。

古項切。和解也。凡兩國相爭。彼此罷兵曰講和。言講解是非。以和平釋怨也。引申為講求講習之講。言講貫名理以釋疑義也。今官制有侍講及侍講學士。蓋即唐時之直講職司講授經術者也。

論 去 平

音崘。評議臧否曰論。　論說。　論議。　崘去聲。義同。

盧昆切。又盧困切。論與言有別。言無成見。論有定評也。昔孔子門人追記所聞于孔子者。謂之論語。

謀 平

音牟。事經商度曰謀。　謀事。　機謀。

迷浮切。心所運也。謂先事而籌之也。如謀道謀食之謀是。善用其計亦曰謀。如機謀之謀是。

計 去

音繼。會算曰計。 算計。 計策。 計較。

吉詣切。較量物數謂之計。物有成數。故从十。會算者工于心計。因轉為計謀之計。今官吏三年一大計。所以較量人才也。

議 去

音義。定事之宜也。 清議。 議論。

宜寄切。从言義。會意。謂欲事合于義。必羣相論議也。因引申為風議、諫議之議。今中國有事上聞。輒歸部議。泰西各國則歸上下議院公議。

證 去

蒸去聲。言之足以徵信者曰證。 見證。 證明。

諸應切。證訓為告。謂言有可信則告諸人而人信之也。引申之凡事之有徵驗者曰證。通作徵。

辨 去

音辯。事理分明謂之辨。 辨別。 分辨。

皮莧切。判也。判則必分。故引申為辨別、分辨之辨。蓋胸有成見。不為外物所淆亂也。

評 平

音平。平議曰評。 品評。 評論。

蒲明切。定人之是非也。定之之言即謂之評。

宣 平

音瑄。布露曰宣。 宣詔。 宣明。

息緣切。古者天子傳宣政令之所謂之宣室。頒詔以諭臣民謂之宣詔。宣布也。故引申為宣明、宣示之宣。又謚法。聞善周達曰宣。聖善周聞曰宣。

譬 去

嚭去聲。以彼方此曰譬。 譬喻。 譬如。

匹智切。喻也。借端以解喻之也。

喻 去

音裕。明白事理曰喻。以事理曉人即曰喻。 譬喻。 曉喻。

羊戍切。

誓 去

音逝。以言詞要信曰誓。 誓書。

時制切。古有軍旅之事。則宣號令以誓于眾。所以歸一眾志。共相約束。以為信也。尚書有甘誓、湯誓、泰誓、牧誓、費誓、秦誓。皆取約信之義名篇。引申之。約信于神即謂之誓。

告 去 入

音誥。以事相關白曰告。 告訴。 予告。 音梏。義同。

古到切。牛角木也。从口从牛。會意。凡牛觸人則角著橫木。所以告人也。引申為告語之告。告誥也。上告下曰誥。下告上曰告。更申為謁請之詞。又姑沃切。如告朔之告是。

訴 去

音素。愬言其事曰訴。 泣訴。 告訴。

蘇故切。篆文作𧦝。一作愬。自初至尾以述其言也。如控訴、訴告是。

問 去

聞去聲。訊所不知謂之問。 詢問。 問人。

亡運切。訊也。凡言問者。多以彼此詢訪為義。故參兩人之見者曰問。通兩姓之好曰聘問。持兩造之平曰鞫問。他若問疾、問安之問。亦皆以此詢彼之意也。

訊（去）詢

音信。上問下曰訊。問訊。訊案。

思晉切。諮謀于眾謂之訊。訊問也。故凡以書問往來者曰問訊。引申謂鞫獄為訊。字亦作詢。詢亦讀平聲。

詰（入）

音蛣。糾詧事物曰詰。詰問。

喫吉切。詧也。糾詧其事物以窮治之也。如詰奸詰寇之詰是。段借為昕。斤吉雙聲。如詰朝詰旦之詰是。

訪（去）

妨去聲。諮謀于眾曰訪。訪問。察訪。

敷亮切。訪。汎謀也。言廣問于人也。有就正之意。故又申為訪道訪客之訪。

號（去）（平）

音豪。大呼曰號。號咷。號泣。音号。所以為標識者曰號。號令。店號。

乎刀切。从虎。号聲。虎嘯也。引申為呼號號泣之號。又轉為告。告令也。如號令號召之號是。通段為号。所以標識事物也。如名號旗號徽號等是。讀胡到切。

召（去）

潮去聲。招來曰召。感召。召租。

直笑切。以手招人曰招。以言招人曰召。

對（去）

音碓。答問曰對。對聯。相對。

都隊切。應也。應人之問曰對。古之使鄰國者。以應對為重。故曰專對。應對必相對。故引申為對面對待之對。更申為對偶對數之對。

答（入）

音洽。應人之問曰答。對答。答禮。

都合切。報人以言也。引申為報答之答。則報人以事之義。

唯（上）（平）

音惟。專指一事曰唯。唯獨。音達。聞命疾應曰唯。唯唯。

以追切。又俞水切。緩應曰諾。急應曰唯。禮父命呼唯而不諾。

諾（入）

囊入聲。以言許人曰諾。唯諾。

奴各切。諾。應聲也。疾應曰唯。緩應曰諾。引申為許諾然諾之諾。則以應人為義。

呼（平）

音虍。發聲曰呼。呼喚。大呼。

荒胡切。外息也。入息為吸。出息為呼。以出息之有呼聲也。引申謂喚人曰呼。更申謂揚聲曰呼。均取發聲之義。又嗚呼。歎聲也。

喚（去）

音煥。揚聲呼人曰喚。呼喚。

呼玩切。

喧（平）

音萱。聲雜曰喧。喧鬧。喧嘩。

許元切。大語也。引申之。凡眾聲錯雜擾人意慮者曰喧。

譁 平

音花。讙呼曰譁。諠譁。

呼瓜切。

嘖 入

音賾。語言錯雜曰嘖。嘖嘖。

士革切。大呼也。引申為讙呶煩亂之意。

囂 平

音枵。衆口讙呶曰囂。囂塵。囂聲。

虛嬌切。讙聲曰囂。从頁。首也。从㗊。衆口也。又重言形況字。如詩譊口囂囂。衆多貌也。孟子人知之亦囂囂。自得無欲之貌也。

默 入

音墨。沈靜不言曰默。默書。默默。

密北切。犬不吠而逐人為默。引申之。凡不語皆謂之默。故不語而記諸心曰默識。不語而書所記曰默寫。

訥 入

嫩入聲。出言遲鈍曰訥。訥口。

內骨切。訥言難也。出言明辯謂之辯。反辯則為訥。

謹 上

音卺。慎以持己曰謹。謹慎。嚴謹。

居隱切。敬也。敬以處事。敬以出言。皆曰謹。如謹稟。謹奏之謹是。以謹為德。即曰謹。如慤謹之謹是。

夸 平

音誇。矜張自大曰夸。夸大。矜夸。

苦瓜切。奢縱之貌。奢縱者必無實行。故謚法以華言無實曰夸。段借為誇。大言不慚也。

贊 去 讚

音酇。獎助曰贊。贊禮。偁贊。

則旰切。佐也。參贊之贊。謂佐人成事也。贊美。贊成之贊。謂佐人以言也。傳贊之贊。則謂意有未盡而佐之以論斷之詞也。

譽 去

余去聲。美名曰譽。偁人之美亦曰譽。毀譽。名譽。

羊茹切。譽者毀之對也。言以言語獎勵人善也。故善善之為人傳述者謂之譽。

諷 去

風去聲。託言感人曰諷。諷誦。

方鳳切。諷訓為誦。而微與誦異。以聲節文謂之誦。託音感物謂之諷。諷者。微言緩詞之謂。故引申為諷諫之諷。

諫 去

音澗。規過曰諫。諫諍。

居宴切。諫者証也。正也。言証其是非。而以道正人也。惟下之正上者稱之。

警 上

音景。戒所不虞謂之警。警察。警信。

舉影切。事前戒備也。故天子將出而辟除行人曰警蹕。凡警戒警衆之警。皆本此義。

諄 平

音肫。丁甯告語謂之諄。諄諄。諄託。

朱倫切。諄者，言之出於誠懇，而反覆不厭者也。又足其詞以形誠懇之貌，則曰諄諄。

誨 去

音晦。以先覺覺後覺曰誨。誨人。教誨。

呼對切。教也。

譏 平

音機。託言微諷曰譏。譏刺。

居希切。譏有微言婉諷之意。如譏誚、譏諫之譏是。又段為譏察之譏。

訐 入

音揭。發人隱私曰訐。攻訐。

居謁切。

謗 去

傍去聲。斥人之非曰謗。誹謗。謗毀。

補浪切。謗與誣譖異。謗者斥人之實事。誣譖則憑虛以誣妄之也。

誚 去

樵去聲。以事相責讓曰誚。譏誚。訕誚。

在笑切。

讒 平

音饞。離間之言曰讒。讒人。讒口。

鋤咸切。

譖 去

簪去聲。毀人之行曰譖。譖人。

側禁切。

嘲 平

音週。戲言調笑曰嘲。嘲笑。自嘲。

陟交切。

調 平 去

音迢。和合曰調。調和。聲調。迢去聲。遷調。

田遼切。凡聲使之協，色味使之和，皆曰調。調者，隨高下濃淡而變易者也。引申為音調之調，以和協為義；又申為遷調之調，以變易為義，皆讀徒弔切。

笑 去

音肖。喜而解顏謂之笑。嬉笑。可笑。

仙妙切。喜形於貌曰歡，歡發為聲曰笑。引申之，鄙人所為而嘲諷之亦曰笑。

哂 上

音矧。微笑也。一哂。

式忍切

歡 平

音讙。心神和懌曰歡。歡喜。歡笑。

呼官切。喜樂之貌。喜蘊于內。歡發于外也。

唱 去

音厰。發歌曰唱。唱戲。歌唱。

尺亮切。

吟 平

音崟。歌之出于憂抑者曰吟。吟詩。呻吟。

魚音切。身不適則呻。意不舒則吟。吟歎之發于哀聲者也。引申為吟哦之吟。取抑揚詠歎之意。

謳 平

音歐。曼歌曰謳。謳歌。

烏侯切。歌也。吳歌曰歈。楚歌曰豔。齊歌曰謳。

諺 去

音彥。俗語曰諺。諺語。俗諺。

疑戰切。

謠 平

音遥。無稽之言也。歌謠。謠言。

餘招切。徒歌曰謠。謠者。無章曲者也。故引申之。憑虛構詞謂之謠。如謠諑。謠言是。

嘯 去

音熽。蹙口出聲曰嘯。長嘯。嘯歌。

先弔切。

嘶 平

音西。馬鳴曰嘶。馬嘶。

先齊切。

囀 去

轉去聲。聲之宛轉者曰囀。鳥囀。

株戀切。从口。从轉。會意。謂其聲宛轉而和也。

叫 去

音訆。急呼曰叫。叫號。

古弔切。呼也。呼必揚聲。故俗以揚聲呼人曰叫。引申之。凡動物發聲統曰叫。

哭 入

音穀。哀發于聲謂之哭。哭聲。哭泣。

空谷切。細聲有涕曰泣。大聲曰哭。

唬 平 啼

音題。聲之近于號泣者曰唬。雞啼。啼笑。啼飢。

田黎切。長號也。故鳥鳴曰唬。人哭亦曰唬。字亦作謕。作啼。

咨　平

音資。事相諮度曰咨。　咨文。　咨嗟。

即夷切。就謀于人曰咨。如咨訪移咨之咨是。段借為歎息之辭。如咨嗟之咨是。

嗟　平

音罝。歎聲。　嗟歎。　嗟嗟。

咨邪切。嗟。佐也。言不足以盡意。發聲以自佐也。用之于贊歎者。如詩吁嗟麟兮是。用之于傷歎者。如禮嗟來食是。用之于感歎者。如詩嗟我懷人是。

噫　平

音醫。歎聲。

於其切。飲食息為噫。噫者。氣鬱而不舒也。故引申為嗟歎之聲。

歎　去

音炭。氣不得其平則歎。　歎息。　贊歎。

他案切。歎有發于哀發于喜發于驚發于感者。凡歎之發。皆由于氣之不得其平。其用不同。其致一也。

吁　平

音訏。吹氣聲也。　長吁。

匈于切。凡人意不舒則吁。故駭歎之聲曰吁。引申為吁嗟之吁。吁非常情也。故又為疑怪之辭。

訝　去

音砑。驚訝之辭。　驚訝。　迎訝。

五駕切。亦作迓。故古者以迎賓為訝賓。如周禮訝士掌訝是也。今概引以為驚愕之辭。

叱　入

音樢。怒聲訶人曰叱。　叱咤。　訶叱。

尺栗切。大訶為叱。如叱咤是。引申為呼叱之叱。則謂以言訶人也。

斥　入

音尺。呵人使退曰斥。　斥退。　面斥。

昌石切。卻屋也。謂卻退其屋不居也。引申之。凡卻退不用皆曰斥。斥人者必聲其罪。故又為斥言指斥之斥。段借為澤。如斥鹵之斥是。又段為逆。逆迎也。斥候之斥謂迎伺也。又段為還。還見也。如充斥之斥是。

唾　上

音毻。口中之津液曰唾。吐唾亦曰唾。　饞唾。　唾罵。

吐臥切。口液也。由津核而出。潤物以達于胃者也。引申為唾面之唾。言以口液唾人面也。

罵　去

音禡。怒言加人曰罵。　罵人。　笑罵。

莫駕切。迫也。以惡言逼迫人也。

呪　去

音鬻。怨詈曰呪。　詛呪。　罰呪。

職救切。

讎　平

音酬。挾嫌負怨謂之讎。　讎敵。

除留切。與售通。積恨者兩相讎怨。猶售物者之兩相售易也。引申為校讎之讎。亦兩相比校之意。

佞 去

音甯。捷給多口才謂之佞。佞口人。奸佞。

乃定切。才也。故自偁不才曰不佞。引申之。凡有口才者曰佞。更申之。凡巧諂人意而不顧是非者曰佞。

誑 去

音㤮。飾說以欺人曰誑。誑騙。說誑。

古況切。从言从狂。謂以狂妄之言悚人聽聞也。引申之。凡本無其事而揑說欺人者皆謂之誑。

諛 去 平

音俞。阿意順旨曰諛。諂諛。面諛。俞去聲。義同。

雲俱切。又俞戍切。以語言承順人意也。故莊子以不擇是非而言曰諛。

謔 入

餉入聲。戲言曰謔。戲謔。

迄却切。

誘 上

音酉。設法引人曰誘。引誘。誘賭。

以九切。誘者引進之辭。引人以道曰誘。如誘掖之誘是。引人以非禮亦曰誘。如誑誘之誘是。

訛 平 譌

音囮。妖言惑聽曰訛。訛言。訛傳。

五禾切。亦作譌。偽言也。言偽則舛謬滋多。故世以妖言為訛言。別字為訛字。段借為化。如詩式訛爾心。書平秩南訛是。

否 上

音缶。意所不可則曰否。是否。否否。音痞。不通曰否。臧否。否塞。

俯九切。从口从不。會意。心之所非則口不許也。引申為是否。然否之否。段借為臧否之否。順成為臧。逆惡為否。易有否卦䷋。讀部鄙切。

勸 去

音券。婉曲規人曰勸。苦勸。勸戒。

區願切。規戒也。引申之。使人相勸亦曰勸。如民有所勸之勸是。

許 上

虛上聲。應人以言曰許。許可。勿許。

虛呂切。从言从午。午。忤也。謂其言之無所忤逆也。故申為許可許否之許。段借為來許何許之許。

請 上

清上聲。以言求人之詞。請問。請客。

七靜切。請有乞求之義。如請業請見之請是。俗謂問安曰請安。言請問尊者之安否也。引申之則為請客之請。

允 上

音尹。誠信曰允。應允。允洽。

余準切。信也。允恭之允訓為誠信。允若茲之允義同信。然又應人之求曰應允。曰慨允。言所許者必可信也。

謝 去

音榭。所以表感激之情者曰謝。恭謝。花謝。

辭夜切。感詞也。故受人之物則謝。辭而不受亦曰謝。又更代曰謝。則以辭去為義也。

辭 平

音詞。分爭辯訟謂之辭。辭謝。措辭。

似茲切。理辜也。理辜者必平情以決其辭。禮所謂不得盡其辭。史記所謂其次不辱辭。皆指口供而言。因段為言辭之辭。又段為辭讓之辭。

述 入

音術。因已事而修明之也。述職。述作。

食律切。循也。言遵循作者之志。守其道而勿失也。故傳舊曰述。如述作之述是。纂人之言亦曰述。如偁述之述是。

訣 入

音玦。臨別贈言曰訣。訣別。秘訣。

古穴切。訣與辭異。暫離曰辭。長辭曰訣。故世謂與將死者辭為訣。言永無見期也。又秘受之詞曰訣。如丹訣歌訣訣竅等皆是。

記 去

音冀。事不遺忘曰記。記性。日記。

居吏切。識也。引申之。則謂記事之書曰記。古者左史記言。右史記事。漢司馬遷為太史。故所著書曰史記。此為記事書之最大者。後之作史者多宗之。餘如記學問記圜林記人記游。均記事之體裁也。

敘 上

音序。有條不紊謂之敘。次敘。

象呂切。次第也。凡有次第皆曰敘。引申為敘述之敘。敘述者。言條舉一事。必秩然有次敘也。故書策舉其綱要冠于篇首者謂之敘。亦作序。

啟 上

音棨。通塞導閉曰啟。啟蒙。啟門。

祛禮切。開也。謂開啟靈明也。如佑啟。啟迪等是。引申為啟戶之啟。啟則內外相通。故上書曰啟。所上之書即曰啟。今偁司箋牘者曰書啟。義本此。

報 去

保去聲。答人之施曰報。告人以事曰報。所以告人者即曰報。報答。報恩。

博號切。告也。引申之。人所藉以相告即謂之報。如京報報紙等是。今泰西各國。報館林立。門類有三。曰官報。時事報。專門學報。其出報則有按月按旬按星期按日之別。所以廣見聞增智識者。莫善于此。

誦 去

音頌。以聲節文曰誦。誦讀。諷誦。

似用切。臨文為誦。誦從也。言以口從其文也。誦必發之于聲。故聲言亦曰誦言。

譯 入

音繹。通四方之言曰譯。譯書。翻譯。

夷益切。傳也。謂以此國之文傳他國之言也。故能通四方之言者曰譯。

詠 去

音泳。諷誦曰詠。歌詠。詠詩。

為命切。長言曰詠。从言从永。會意。詠歌也。歌他人之詞曰詠。己意所及而作詩以歌之亦曰詠。

讀 去 入

音獨。誦書曰讀。讀書。音豆。未完之句曰讀。句讀。

杜谷切。誦也。大透切。凡文之斷處。意義完足者謂之句。語未完而略作停頓以便誦讀者謂之讀。

吹 去 平

音炊。以息噓物曰吹。吹噓。吹笙。音秌。吹物之聲曰吹。鼓吹。

樞為切。尺僞切。

含 平

音涵。以口銜物曰含。含容。包含。

胡男切。含，置物口中也。含有容物之象，故引申為含容、包含之含。喪禮以珠貝實死者口中，即謂之含。

呑 平

音啍。咽物曰呑。呑吐。呑滅。

他根切。呑者，有包并無饜之象，故攘人之產業曰侵呑，攘人之土地曰并呑。

噬 去

音誓。以口囓物曰噬。噬人。

時制切。囓物也。易有噬嗑卦☲☳，引申為反噬之噬，謂以言傷人，猶以口傷物也。

啄 入

音涿。禽鳥食物謂之啄。飲啄。

竹角切。

吐 上

音土。物在口而唾之曰吐。吐棄。吐哺。

他魯切。瀉也。揚豫以東謂瀉為吐。引申之，口棄物曰吐。吐必自口而出，故又為吐辭、吐音之吐。

咽 去 平

音燕。喉也。咽喉。音晏。物自喉入曰咽。三咽。

因肩切。咽喉為食管、氣管所在，隘而彌要，故險要之地亦謂之咽喉。咽所以納物者也，引申之，納物于喉即曰咽，亦作嚥，讀伊甸切。

嘗 平

音常。辨味曰嘗。嘗試。嘗聞。

辰羊切。食也。將食而試辨其味謂之嘗，故引申為嘗試之嘗。古者以秋祭為嘗。言以七月嘗黍稷也。又為起語詞，如未嘗、嘗聞之嘗，義同曾。嘗、曾雙聲通段也。

吃 入 喫

音訖。不利于言曰吃。口吃。吃飯。

居乙切。言蹇難曰吃，謂欲言而訥訥如不出口者也。又喫物也，與喫同。

漱 去

音瘦。以水盪口曰漱。漱口。盥漱。

所救切。

欬 去

音慨。氣逆上湧為欬。欬吐。

苦溉切。因風致疾謂之欬疾，故今俗謂嗽為欬。引申為謦欬之欬。

嘔 平

音甌。口吐物也。嘔吐。嘔逆。

烏侯切。和悅之貌也。又同歐，因氣噎而吐曰嘔吐，吐不下食曰嘔逆。

渴 入

音磕。唾竭思飲曰渴。飢渴。解渴。

苦葛切。竭也。涸也。俗謂慕人曰渴想，謂如渴之待飲也。

拜 去

擺去聲。首至手曰拜。拜跪。拜手。

布怪切。以首就手俯與心平曰拜。拜本專為拜手之偁。引申之則稽首頓首肅拜皆曰拜。故古人有九拜之名。今西人越七日一安息。以禮耶穌。謂之禮拜。

揖 入

伊入切。

音挹。拱手上下謂之揖。長揖。揖讓。

拱 上

音鞏。斂手也。拱手。

居竦切。沓手謂之拱。言右手在內。左手在外。以致敬。如子路拱而立是也。合手亦謂之拱。言合兩手以抱物。所以量物之大小。如孟子言拱把之桐梓是也。

擯 去

賓去聲。導賓曰擯。擯相。擯棄。

必仞切。與儐通。出接賓曰擯。入詔禮曰相。此擯與相之別。在主曰儐。在客曰介。此擯與介之別。段借為擯斥之擯。

援 去 平

音袁。引之以手曰援。援手。攀援。音院。助也。援救。

于元切。引也。引申之。凡攀引而上皆曰援。詩以爾鉤援。謂以鉤引而傅于城也。又申為救援之援。如魯語四鄰之援是讀于眷切。

扶 平

音符。恐人顛仆而援以手也。扶持。扶杖。

逢夫切。顛而起之曰扶。引申為扶搖之扶。言風之搖曳忽顛而忽起也。段名為扶桑之扶。

裒 上 抱

袍上聲。兩手所圜曰抱。懷抱。

蒲皓切。裒懷也。置物于懷。必環護之以手。故引申為抱子抱孫之抱。又申為連抱合抱之抱。

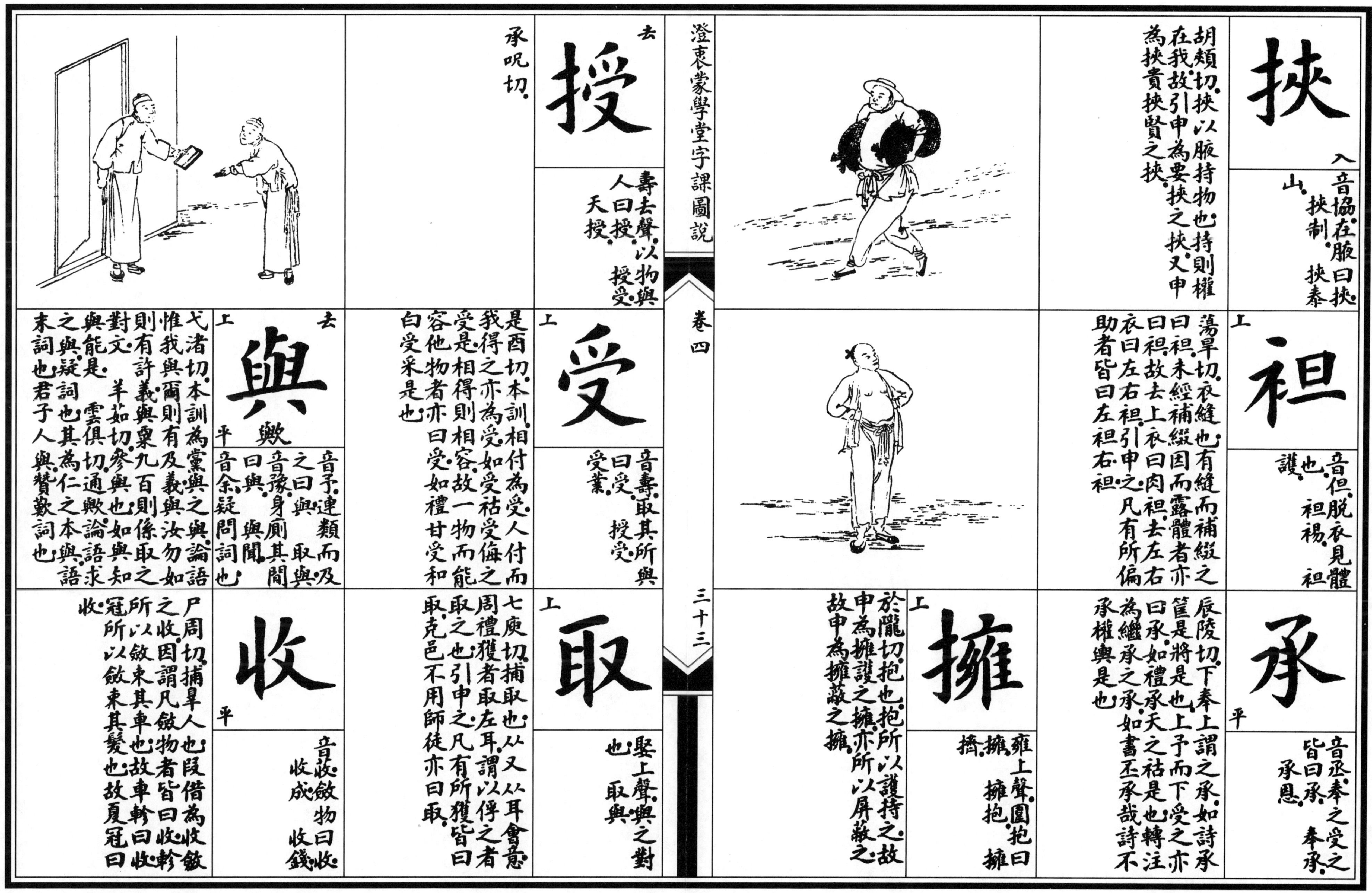

挾 入

音協。在腋曰挾。挾制。挾泰山。

胡頰切。挾以腋持物也。持則權在我，故引申為要挾之挾。又申為挾貴挾賢之挾。

袒 上

音但。脫衣見體。袒裼。袒護也。

蕩旱切。衣縫也。有縫而補綴之曰袒。未經補綴因而露體者亦曰袒。故去上衣曰肉袒。去左右衣曰左右袒。引申之。凡有所偏助者皆曰左袒右袒。

承 平

音丞。奉之受之皆曰承。奉承。承恩。

辰陵切。下奉上謂之承。如詩承筐是將是也。上予而下受之亦曰承。如禮承天之祜是也。轉注為繼承之承。如書丕承哉。詩不承權輿是也。

擁 上

雍上聲。圍抱曰擁。擁抱。擁擠。

於隴切。抱也。抱所以護持之。故申為擁護之擁。亦所以屏蔽之。故申為擁蔽之擁。

授 去

壽去聲。以物與人曰授。授受。天授。

承呪切。

受 上

音壽。取其所與曰受。授受。受業。

是酉切。本訓相付。為受人付而我得之。亦為受。如受祜受侮之受是。相得則相容。故一物而能容他物者亦曰受。如禮甘受和白受采是也。

取 上

娶上聲。與之對也。取與。

七庾切。捕取也。从又从耳會意。周禮獲者取左耳。謂以俘之者取之也。引申之。凡有所獲皆曰取。克邑不用師徒亦曰取。

與 上 去 平 歟

音予。連類而及之曰與。取與。音豫。身廁其間曰與。與聞。音余。疑問詞也。

弋渚切。本訓為黨與之與。論語惟我與爾。則有及義。與汝勿如。則有許義。與粟九百。則係取之對文。羊茹切。參與也。如與知與能是。雲俱切。通歟。論語求之與。疑詞也。其為仁之本與。語末詞也。君子人與。贊歎詞也。

收 平

音荍。斂物曰收。收成。收錢。

尸周切。捕辠人也。叚借為收斂之收。因謂凡斂物者皆曰收。軫所以斂束其車也。故車軫曰收。冠所以斂束其髮也。故夏冠曰收。

執 入

音汁。持也。執業。收執。

之入切。捕辠人也。人被執則拘束不伸，故謂人之拘泥不化者曰固執。引申為執持之執。故專習之業曰執業。專司之事曰執事。

操 去 平

草平聲。持守之意。操刀。音糙。所持守者曰操。節操。

七刀切。執而不失曰操。如操業、操修之操是。習而不輟亦曰操。如操兵、體操之操是。因謂所執所習者曰操。讀七到切。如雅操、節操是。雅而有節者莫如琴，故琴曲亦曰琴操。

持 平

音治。在握曰持。持家。維持。

直之切。執也。執而不釋謂之持。如把持、護持之持是。堅執不讓亦謂之持。如支持、撐持是。

把 上

巴上聲。一手所握也。拱把。把握。

補瓦切。

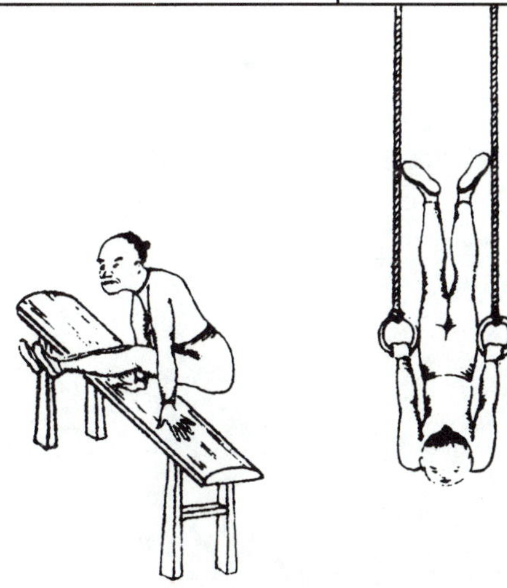

握 入

音渥。捲手曰握。握手。握拳。

烏角切。握以手持物也。在外為持，在內為握。禮宗廟之牛角握，謂其角小，衹一握也。

提 上 平

音題。懸而持之曰提。提拔。菩提。音底。擲也。音時。朱提，山名。

田黎切。以手舉物曰提。如提耳、提壺皆是。舉而擲之亦曰提。如國策夏無且以藥囊提荊軻，史記太后以冒絮提文帝，皆是。讀都禮切。又市之切。朱提之山出善銀，故謂銀曰朱提。

挈 入

契入聲。束而持之曰挈。提挈。挈瓶。

苦結切。

攜 平

音畦。平而持之曰攜。攜手。提攜。

戶圭切。手與手相引曰攜。曲禮長者與之提攜是也。引申之，物在地上，引之以手亦曰攜。物被引則離乎地，故攜貳之攜訓為離。

攘 上 平

音穰。物自來而取曰攘。攘羊。攘袂。音壤。擾也。擾攘亂。

汝羊切。推手使前也。今人捋臂亦云攘臂，即借推手之義。又叚借為攘奪之攘，引申之，有因而盜亦曰攘。攘則必亂，故又通為擾攘之攘，讀如兩切。

奪 入

音敓。強取曰奪。搶奪。定奪。

徒活切。本訓失物，叚借為強取之義。如大學爭民施奪是。又俗以斟酌事理為裁奪，即予奪之引申也。

上 **搶** 平

鏘上聲。奪取財物曰搶。 搶奪。 搶犯。 音鏘。義同。

七兩切。突也。以手奪物曰搶。謂其突然而取之也。引申之。以頭拒地亦曰搶。謂其突然而觸之也。讀七羊切。

拘 平

音駒。受束曰拘。 拘攣。 拘束。

舉朱切。止也。欲行而止之使不得行也。故受人束縛曰拘。拘則不適。因申為迂拘。拘謹之拘。

拏 平 拿

音呶。亂相持搏也。 拏問。 拏物。

女加切。牽引也。謂引而取之也。故取物曰拏。捕繫罪人亦曰拏。俗作拿。

搜 平

音蒐。檢索曰搜。 搜檢。 搜羅。

疏鳩切。略而求之也。于道曰略。就室曰搜。今以窮究文義曰搜討。蒐求俊彥曰搜羅。皆引申之義也。

擒 平

音琴。捉也。 擒敵。 成擒。

巨今切。本作捦。急持衣衿也。又與禽通。言禽鳥力小可捕而取之也。故凡捕物曰擒。引申之。搜捕盜賊亦曰擒。

捉 入

莊入聲。入握曰捉。 捉髮。 捉刀。

側角切。握也。引申之。擒物在握亦曰捉。如捕皋人曰捉之類。

搏 入

音博。捕也。擊也。 搏獸。 搏拊。

補各切。索持也。凡物欲取之先擊之。故人以手擊物曰搏。如搏執之搏是。鳥以翼擊物亦曰搏。如攫搏之搏是。

上 **拒**

音巨。手與手禦曰拒。 拒敵。 拒捕。

臼許切。本作歫。止也。止之使不得進。故有抗拒之義。引申為拒諫飾非之拒。又方陣名。左傳鄭子元請為左拒右拒。亦取抗敵之意也。

擊 入

音激。以物撞物曰擊。 擊搏。 擊磬。

古歷切。撲也。叩也。如擊柝擊鐘擊柱之擊。皆以叩之者撲之也。撲則必傷。故引申為擊刺擊殺之擊。段借為目擊之擊。

去 **撞** 平

音幢。物觸物曰撞。 撞鐘。 撞斗。 幢去聲。義同。

宅江切。擊也。如禮記善待問者如撞鐘是。引申之。如俗以忿詞抵觸曰頂撞。虛言詭遇曰撞騙皆是。讀丈降切。

撻 入

音闥。扑以示罰曰撻。 鞭撻。 撻罰。

他達切。

上 **毆**

音嘔。重擊曰毆。 毆傷。

烏后切。以杖擊物曰毆。引申為鬬毆之毆。

打 上

答上聲。擊也。打仗。打鼓。相打。

德馬切。擊物曰打。擊人亦曰打。俗用為探字義曰打聽。為忖字義曰打量。

拍 入

音魄。舒手撲物曰拍。拍手。拍賣。

普百切。拊也。以手拊其上也。凡度曲必拊物以為節。故節和則偁合拍。今西人以器攝影曰拍像。又西法售物不懸價。令購者估價。估如其數。則拍物以示允。謂之拍賣。

敲 平

音骹。從旁擊之也。敲門。敲冰。

口交切。橫擊曰敲。因謂擊物之具為敲。如賈誼過秦論。執敲撲以鞭笞天下。敲。短杖也。

掠 入

音略。奪取也。抄掠。侵掠。

力灼切。奪人財物謂之掠。笞人膚體亦謂之掠。又書法長撇古謂之掠。柳宗元曰。掠左出而鋒欲輕是也。

摧 平

音漼。挫也。摧折。摧殘。

昨回切。折也。折有挫辱之義。故引申為室人摧我之摧。叚借為莝。斬芻也。如詩摧之秣之之摧是。

揀 上

音簡。別而簡之也。揀選。揀擇。

古限切。

擇 入

音宅。揀選曰擇。擇善。擇鄰。

直格切。

揣 上

粮上聲。心擬手摩曰揣。揣摩。

初委切。度高曰揣。引申之。凡偁量忖度皆曰揣。六書統以手求其耑為揣。蓋从手耑會意。

摩 平

音磨。研也。撫摩。摩頂。

莫婆切。物相切而磨謂之摩。摩肩摩壘之摩。有形之摩也。觀摩揣摩之摩。無形之摩也。物摩必損。故轉為消摩摩滅之摩。

搔 平

音騷。手爬也。搔首。搔癢。

蘇曹切。

摹

入 平 摸

音模。有所規倣也。摹倣。摹寫。

音莫。亦作摸。捫也。摸索。

莫胡切。規模曰摹。規之摹之即曰摹。又通作摸。以手捫索也。讀末各切。

按

去

音案。重撫曰按。力在手也。按劍。按轡。

烏旰切。抑也。言抑物使下也。引申為止抑之義。如按兵按事之按是。又驗也。據理以斷之與隨事而察之皆曰按。古之巡按。今之按察使。皆取按驗之意。

捏

入

音孼。重撚曰捏。力在指也。捏物。

魚列切。以指擠物曰捏。故捏泥以象人形謂之捏。相捏則形隨而變。故語之不根者曰捏造。

夾

入

音甲。左右相持謂之夾。夾道。夾衣。

古狎切。持也。从大挾二人會意。言物大非一手所勝。必須左右持之也。故物在兩旁者皆曰夾。如夾室夾輔之夾是。

揮

平

音輝。動也。揮毫。揮汗。

吁韋切。奮也。言奮而振動之也。故號令曰指揮。解釋曰發揮。

排

平

音牌。推也。排場。排班。

蒲皆切。擠也。引申為安排之排。謂依次序而列之也。又推也。如排闥排難之排是。

撐

平

音瞠。支也。支撐。撐頭。

抽庚切。距也。言以足距也。引申之。凡物欲斜而支之使直曰撐。船欲止而篙之使行亦曰撐。

拖

平

音佗。引也。拖鞋。拖帶。

託何切。曳也。物在後而自前曳之。如今人以大舟引小舟是也。物下垂亦曰拖。如拖紳之拖是。

埽

上 掃

音嫂。除穢也。洒埽。汜埽。

蘇老切。棄也。从土从帚會意。謂以帚卻土也。引申之為凡埽除更張之埽。又隄岸曰埽。法以竹木為枋。柳實其中。和土以捍水。河工所用也。

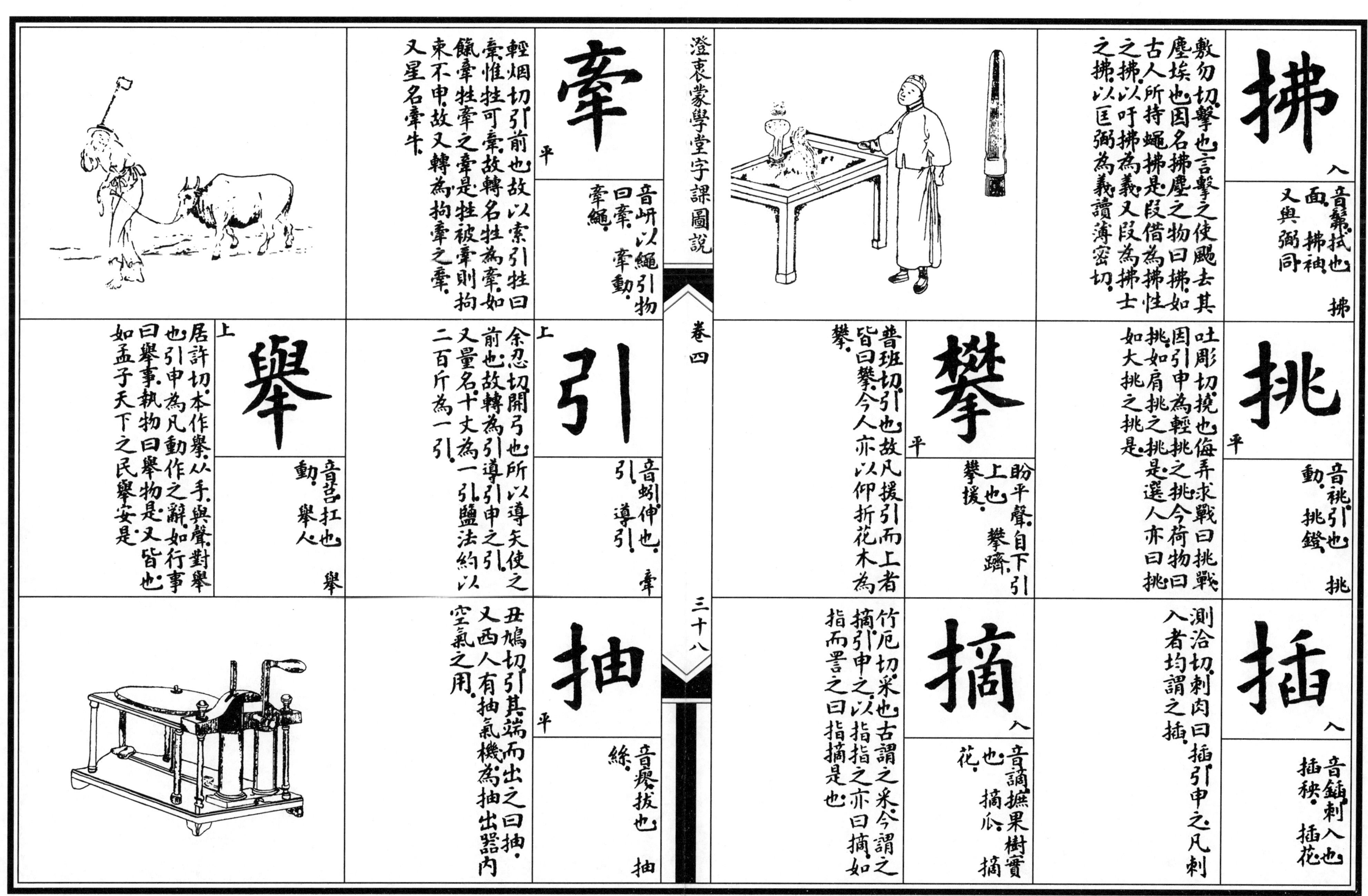

拂

入

音紼。拭也。拂面。拂袖。又與弼同。

敷勿切。擊也。言擊之使颺去其塵埃也。因名拂塵之物曰拂。如古人所持蠅拂是。段借為拂性之拂。以吁拂為義。又段為拂士之拂。以匡弼為義。讀薄密切。

挑

平

音祧。引也。挑動。挑鐙。

吐彫切。撓也。侮弄求戰曰挑戰。因引申為輕挑之挑。今荷物曰挑。如肩挑之挑是。選人亦曰挑。如大挑之挑是。

插

入

音鍤。刺入也。插秧。插花。

測洽切。刺肉曰插。引申之。凡刺入者均謂之插。

攀

平

盼平聲。自下引上也。攀躋。攀援。

普班切。引也。故凡援引而上者皆曰攀。今人亦以仰折花木為攀。

摘

入

音謫。摭果樹實也。摘瓜。摘花。

竹厄切。采也。古謂之采。今謂之摘。引申之。以指指之亦曰摘。如指而詈之曰指摘是也。

牽

平

音岍。以繩引物曰牽。牽動。牽繩。

輕烟切。引前也。故以索引牲曰牽。惟牲可牽。故轉名牲為牽。如餼牽牲牽之牽是。牲被牽則拘束不申。故又轉為拘牽之牽。又星名牽牛。

引

上

音蚓。伸也。牽引。導引。

余忍切。開弓也。所以導矢使之前也。故轉為引導引申之引。又量名。十丈為一引。鹽法約以二百斤為一引。

抽

平

音瘳。拔也。抽絲。

丑鳩切。引其端而出之曰抽。又西人有抽氣機。為抽出器內空氣之用。

舉

上

音莒。扛也。舉動。舉人。

居許切。本作擧。从手。與聲。對舉也。引申為凡動作之辭。如行事曰舉事。執物曰舉物是。又皆也。如孟子天下之民舉安是。

摇 平

音姚。擺動曰摇。摇曳。摇奪。

余招切。物靜而振之使動曰摇。摇則懸而無定。故心之無所附著者曰摇摇。故張聲勢以聳人觀聽者曰招摇。

掣 去 入

癡去聲。曳也。掣肘。雷掣。滯入聲。義同。掣籤。

尺制切。掣者。滯隔不進之謂。如易其牛掣是也。今部章分省分部選缺。均歸掣籤。固用掣取之義。亦所以杜胥吏之舞弊。使之有所間隔也。讀尺列切。

推 平

退平聲。自後進之也。推車。推託。

通回切。進之使前曰推。如推輓推步之推。是進之使上亦曰推。如推尊推重之推。是引申為推誘推讓之推。亦取推而遠之之意。

攝 入

音歙。引持曰攝。攝齊。攝位。

書涉切。攝以牽引為義。如攝齊升堂之攝。是相引則不相離。故地與日月。以向心離心二力。互相旋繞。謂之攝力。段借為兼攝之攝。如代國君聽政者曰攝政。一人而兼數官曰攝官是也。

播 去

波去聲。散布曰播。播百穀。播棄。

補過切。種植曰播。播種者必分其種而散布之。今沿用播告之播。即布之義也。播遷之播。即散之義也。

拓 入 摭

音隻。拾取也。音託。推也。恢拓。

之石切。與摭通。闥各切。手承物曰拓。手推物亦曰拓。拓地千里之拓。即取推而廣之之義。今人按紙碑面。摹取字形。謂之拓碑。又複姓。後魏拓拔氏。

拔 入

辦入聲。抽而起之曰拔。提拔。拔貢。

蒲八切。抽出也。如俗謂去草曰拔草。是擢賢人若拔茅茹。故轉為拔擢之拔。今各府州縣每十二年拔貢一人。言拔之以貢于成均也。又攻破城邑曰拔。言破城邑而取之。若拔樹木然。

張 平

帳平聲。開也。張弓。張羅。

中良切。施弓弦也。弦施則弓滿。故段為張大之張。又計物之數曰張。

展 上

邅上聲。舒也。開展。

知輦切。轉也。與輾通。單言之曰展。絫言之曰展轉。言其忽屈忽伸。不舒而求舒之意也。故轉為舒展之展。

揚 平

音陽。顯也。發揚。揚名。

移章切。飛舉也。遠揚簸揚之揚。以飛為義。明揚偁揚之揚。以舉為義。又眉之美者曰揚。詩揚且清揚。皆言其美也。故謂醜陋者曰貌不揚。又鉞也。詩干戈戚揚。

掩 上

淹上聲。遮也。　掩藏。　掩戶。

衣檢切。小上曰掩。器之上小者。輒不見其中。故引申為遮掩之掩。

玩 去

音翫。習弄曰玩。　玩好。　玩物。

五煥切。弄也。因以所弄之物曰玩。又習也。與翫通。

弄 去

籠去聲。撫玩曰弄。　弄瓦。　玩弄。

盧貢切。玩物也。如弄璋弄丸之屬是。引申之。侮人曰弄。如漢書公卿在位。朔皆敖弄是。又以樂器可弄。引申之謂曲曰弄。如三弄狡弄是。

披 平

音鈹。開也。　披衣。　披編。

攀縻切。布而開之曰披。如披襟披堅之披是。又披有分散之意。如披靡紛披之披是。

探 平 去

音貪。刺取曰探。　闚探。　探花。　音儃。義同。

他含切。取也。取物曰探。如探囊之探是。取物之情亦曰探。如探索之探是。有所探必先有所試。故嘗試亦曰探。如探湯探路之探是。上海租界。充偵探盜賊之役者名包探。讀他紺切。

謄 平

音騰。移寫之也。　謄錄。　謄黃。

徒登切。

覓 入

銘入聲。求也。　覓索。

莫狄切。本作覛。衺視也。轉注為尋覓之覓。俗作覔。

投 平

音頭。拋棄曰投。　投壺。　投袂。

徒侯切。

擲 入

音躑。重投曰擲。　擲地。　擲果。

直隻切。

撤 入

音轍。除去也。　撤樂。　裁撤。

直列切。已設而去之曰撤。

釋 入

音適。分解義理曰釋。　釋訓。　釋詁。

施隻切。解也。从采。取其分別物也。轉注為釋褐釋囚之釋。以捨棄為義。又轉為冰釋開釋之釋。以消散為義。又佛號釋迦。故佛教亦偁釋教。

放 去 上

音舫。棄也。　放逐。　音昉。則也。　放效。

甫妄切。逐也。罪大而徙之曰放逐。罪小而免之曰釋放。又分兩切。與倣同。效也。